Il mio libro illustrato bilingue
Moja dwujęzyczna książka obrazkowa

Le più belle storie per bambini di Sefa in un unico volume

Ulrich Renz • Barbara Brinkmann:

Dormi bene, piccolo lupo · Śpij dobrze, mały wilku

Per bambini dai 2 anni in su

Cornelia Haas • Ulrich Renz:

Il mio più bel sogno · Mój najpiękniejszy sen

Per bambini dai 2 anni in su

Ulrich Renz • Marc Robitzky:

I cigni selvatici · Dzikie łabędzie

Tratto da una fiaba di Hans Christian Andersen

Per bambini dai 5 anni in su

© 2024 by Sefa Verlag Kirsten Bödeker, Lübeck, Germany. www.sefa-verlag.de

Special thanks to Paul Bödeker, Freiburg, Germany

All rights reserved.

ISBN: 9783756305018

Leggere · ascoltare · capire

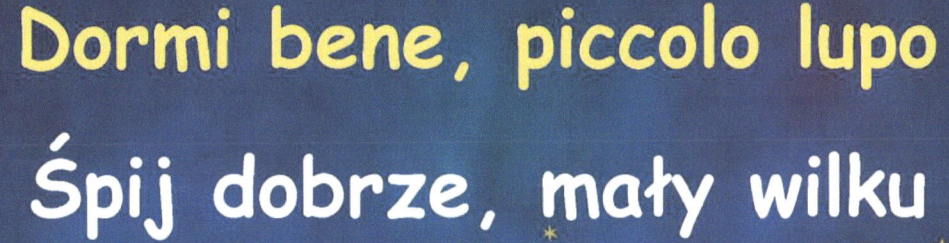

Dormi bene, piccolo lupo

Śpij dobrze, mały wilku

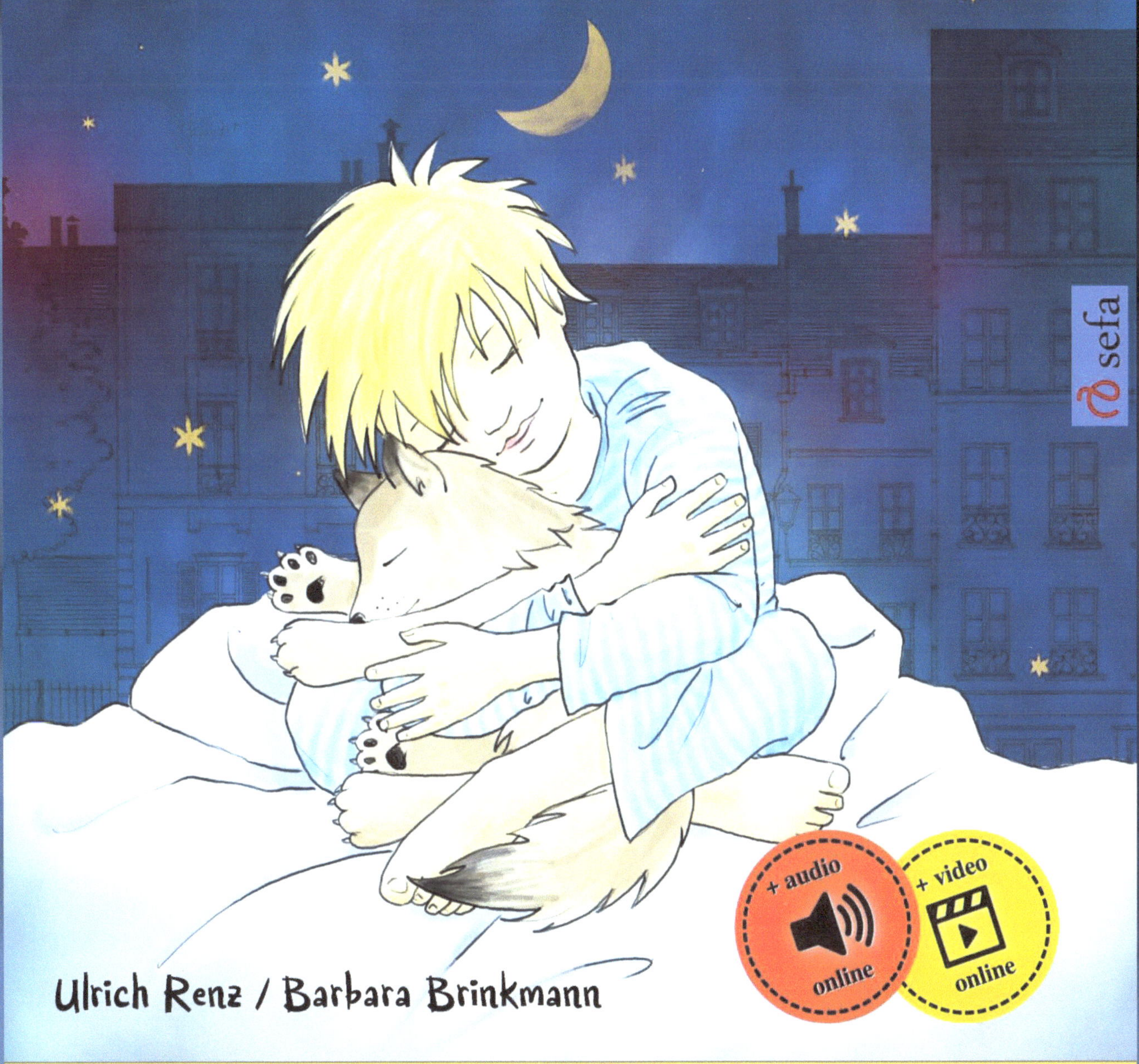
sefa
+ audio
online
+ video
online

Ulrich Renz / Barbara Brinkmann

italiano **bilingue** **polacco**

Traduzione:

Margherita Haase (italiano)

Jolanta Zak (polacco)

Audiolibro e video:

www.sefa-bilingual.com/bonus

Accesso gratuito con la password:

italiano: **LWIT1829**

polacco: **LWPL2521**

Buona notte, Tim! Domani continuiamo a cercare.
Adesso però dormi bene!

Dobranoc, Tim! Jutro wznowimy poszukiwania.
Teraz, śpij dobrze!

Fuori è già buio.

Na zewnątrz jest już ciemno.

Ma cosa fa Tim?

Co Tim robi?

Va al parco giochi.

Che cosa sta cercando?

Wychodzi na plac zabaw.

Czego on tam szuka?

Il piccolo lupo.

Senza di lui non riesce a dormire.

Małego wilka!

Nie może bez niego spać.

Ma chi sta arrivando?

Któż to nadchodzi?

Marie! Lei sta cercando la sua palla.

Marie! Szuka swojej piłki.

E Tobi cosa cerca?

A czego szuka Tobi?

La sua ruspa.

Jego koparki.

E cosa cerca Nala?

A czego szuka Nala?

La sua bambola.

Swojej lalki.

Ma i bambini non devono andare a letto?
Il gatto si meraviglia.

Czy dzieci nie muszą już iść spać?
– zastanawia się kot.

E adesso chi sta arrivando?

Kto nadchodzi teraz?

La mamma e il papà di Tim.

Senza il loro Tim non riescono a dormire.

Mama i tata Tima!

Nie mogą spać bez Tima.

Ed ecco che arrivano anche altri!

Il papà di Marie. Il nonno di Tobi. E la mamma di Nala.

Nadchodzi ich coraz więcej. Tata Marie.
Dziadek Tobiego. I mama Nali.

Ma adesso svelti a letto!

Teraz, szybko do łóżka!

Buona notte, Tim!
Domani non dobbiamo più cercare.

Dobranoc, Tim!
Jutro nie będziemy musieli już więcej szukać.

Dormi bene, piccolo lupo!

Śpij dobrze, mały wilku!

Cornelia Haas • Ulrich Renz

Il mio più bel sogno

Mój najpiękniejszy sen

Traduzione:

Clara Galeati (italiano)

Joanna Barbara Wallmann (polacco)

Audiolibro e video:

www.sefa-bilingual.com/bonus

Accesso gratuito con la password:

italiano: **BDIT1829**

polacco: **BDPL2521**

Il mio più bel sogno
Mój najpiękniejszy sen

Cornelia Haas · Ulrich Renz

italiano — bilingue — polacco

Lulù non riesce ad addormentarsi. Tutti gli altri stanno già sognando – lo squalo, l'elefante, il topolino, il drago, il canguro, il cavaliere, la scimmia, il pilota. E il leoncino. Anche all'orso stanno crollando gli occhi ...

Ehi orso, mi porti con te nel tuo sogno?

Lulu nie może zasnąć. Wszyscy inni już śnią – rekin, słoń, myszka, smok, kangur, rycerz, małpa, pilot. I lwiątko też. Misiowi także, już prawie oczy się zamykają ...

 Misiu, zabierzesz mnie do twojego snu?

E così Lulù è già nel paese dei sogni degli orsi. L'orso cattura pesci nel lago Tagayumi. E Lulù si chiede chi potrebbe mai vivere là su quegli alberi? Quando il sogno è finito, Lulù vuole provare qualcos'altro. Vieni, andiamo a trovare lo squalo! Che cosa starà sognando?

I już jest Lulu w misiowej krainie snu. Miś łowi ryby w jeziorze Tagayumi. A Lulu dziwi się, kto mieszka tam w górze na drzewach?
Gdy sen się kończy, Lulu chce jeszcze więcej przeżyć. Chodź ze mną, odwiedzimy rekina! O czym on śni?

Lo squalo sta giocando ad acchiapparella con i pesci. Finalmente ha degli amici! Nessuno ha paura dei suoi denti aguzzi.

Quando il sogno è finito, Lulù vuole provare qualcos'altro. Venite, andiamo a trovare l'elefante! Che cosa starà sognando?

Rekin bawi się z rybami w berka. Nareszcie ma przyjaciół! Nikt nie boi się jego ostrych zębów.

Gdy sen się kończy, Lulu chce jeszcze więcej przeżyć. Chodź ze mną, odwiedzimy słonia! O czym on śni?

L'elefante è leggero come una piuma e può volare! Sta per atterrare sul prato celeste.

Quando il sogno è finito, Lulù vuole provare qualcos'altro. Venite, andiamo a trovare il topolino! Che cosa starà sognando?

Słoń jest lekki jak piórko i umie latać! Zaraz wyląduje na niebiańskiej łące. Gdy sen się kończy, Lulu chce jeszcze więcej przeżyć. Chodź ze mną, odwiedzimy myszkę! O czym ona śni?

Il topolino sta guardando la fiera. Gli piacciono particolarmente le montagne russe.

Quando il sogno è finito, Lulù vuole provare qualcos'altro. Venite, andiamo a trovare il drago! Che cosa starà sognando?

Myszka przypatruje się wesołemu miasteczku. Najbardziej podoba jej się kolejka górska.

Gdy sen się kończy, Lulu chce jeszcze więcej przeżyć. Chodź ze mną, odwiedzimy smoka! O czym on śni?

Il drago, a furia di sputare fuoco, ha sete. Gli piacerebbe bersi l'intero lago di limonata.

Quando il sogno è finito, Lulù vuole provare qualcos'altro. Venite, andiamo a trovare il canguro! Che cosa starà sognando?

Smok jest spragniony od ziania ogniem. Najchętniej wypiłby całe jezioro lemoniady.
Gdy sen się kończy, Lulu chce jeszcze więcej przeżyć. Chodź ze mną, odwiedzimy kangura! O czym on śni?

Il canguro sta saltando nella fabbrica di dolciumi e si riempe il marsupio. Ancora caramelle blu! E ancora lecca-lecca! E cioccolata!

Quando il sogno è finito, Lulù vuole provare qualcos'altro. Venite, andiamo a trovare il cavaliere! Che cosa starà sognando?

Kangur skacze po fabryce słodyczy i napycha swoją torbę do pełna. Jeszcze więcej tych niebieskich cukierków! I jeszcze więcej lizaków! I czekolady!
Gdy sen się kończy, Lulu chce jeszcze więcej przeżyć. Chodź ze mną, odwiedzimy rycerza! O czym on śni?

Il cavaliere sta facendo una battaglia di torte con la principessa dei suoi sogni. Oh! La torta alla panna va nella direzione sbagliata!
Quando il sogno è finito, Lulù vuole provare qualcos'altro. Venite, andiamo a trovare la scimmia! Che cosa starà sognando?

Rycerz i jego księżniczka toczą bitwę na torty. Och! Tort śmietankowy nie trafił do celu!

Gdy sen się kończy, Lulu chce jeszcze więcej przeżyć. Chodź ze mną, odwiedzimy małpę! O czym ona śni?

Finalmente ha nevicato in Scimmialandia! L'intera combriccola di scimmie non sta più nella pelle e si comportano tutte come in una gabbia di matti. Quando il sogno è finito, Lulù vuole provare qualcos'altro. Venite, andiamo a trovare il pilota! In che sogno potrebbe essere atterrato?

Nareszcie spadł śnieg w krainie małp! Cała zgraja małp jest całkiem poza sobą i urządza przedstawienie.
Gdy sen się kończy, Lulu chce jeszcze więcej przeżyć. Chodź ze mną, odwiedzimy pilota! W jakim śnie on wylądował?

Il pilota vola e vola ancora. Fino ai confini della terra e ancora più lontano, fino alle stelle. Non ce l'ha fatta nessun altro pilota.
Quando il sogno è finito, sono già tutti molto stanchi e non vogliono più continuare a provare così tanto. Però il leoncino, vogliono ancora andare a trovarlo. Che cosa starà sognando?

Pilot lata i lata. Aż na koniec świata i jeszcze dalej, aż do gwiazd. To, nie udało się jeszcze żadnemu innemu pilotowi.
Gdy sen się kończy, wszyscy są już bardzo zmęczeni i nie chce im się nic więcej przeżyć. Ale chcą jeszcze odwiedzić lwiątko. O czym ono śni?

Il leoncino ha nostalgia di casa e vuole tornare nel caldo, accogliente letto.
E gli altri pure.

E là inizia ...

Lwiątko tęskni za domem i chce wrócić do ciepłego, przytulnego łóżka.
I inni też.

I wtedy zaczyna się ...

... il più bel sogno
di Lulù.

... najpiękniejszy sen Lulu.

Ulrich Renz • Marc Robitzky

I cigni selvatici

Dzikie łabędzie

Traduzione:

Emanuele Cattani, Clara Galeati (italiano)

Joanna Wallmann (polacco)

Audiolibro e video:

www.sefa-bilingual.com/bonus

Accesso gratuito con la password:

italiano: `WSIT1829`

polacco: `WSPL2521`

Ulrich Renz · Marc Robitzky

I cigni selvatici

Dzikie łabędzie

Tratto da una fiaba di

Hans Christian Andersen

italiano   bilingue   polacco

C'erano una volta dodici figli di un re – undici fratelli ed una sorella più grande, Elisa. Vivevano felici in un bellissimo castello.

Dawno, dawno temu, było sobie dwanaścioro dzieci królewskich–jedenastu braci i starsza siostra, Elisa. Żyli sobie szczęśliwie w przepięknym zamku.

Un giorno la madre morì, e poco tempo dopo il re si risposò. La nuova moglie però era una strega cattiva. Con un incantesimo, trasformò gli undici principi in cigni e li mandò molto lontano, in un Paese al di là della grande foresta.

Pewnego dnia zmarła ich matka. Jakiś czas później król ożenił się ponownie, ale nowa żona była złą czarownicą. Zaczarowała książęta w łabędzie i wysłała je daleko, do obcego kraju, po drugiej stronie wielkiego lasu.

Vestì la ragazza di stracci e le spalmò sul volto un orribile unguento, tanto che nemmeno il padre riuscì più a riconoscerla e la cacciò dal castello. Elisa corse nella foresta tenebrosa.

Dziewczynkę ubrała w łachmany, a jej twarz posmarowała oszpecającą maścią. Ojciec nie rozpoznał jej i wygnał z zamku. Elisa uciekła do wielkiego, ciemnego lasu.

Ora era completamente sola, e desiderava con tutto il cuore rivedere i suoi fratelli scomparsi. Quando venne la sera, si fece un letto di muschio sotto un albero.

Teraz była całkowicie sama i w głębi duszy tęskniła za swoimi zaginionymi braćmi. Gdy zapadł wieczór, zrobiła sobie pod drzewami posłanie z mchu.

La mattina dopo giunse ad un lago calmo, e rimase sconcertata nel vedere il proprio riflesso nell'acqua. Ma appena si pulì, divenne la più bella principessa sulla faccia della terra.

Następnego ranka dotarła nad ciche jezioro i wystraszyła się, widząc w nim swoje odbicie. Gdy się umyła, stała się znowu najpiękniejszą księżniczką pod słońcem.

Molti giorni dopo, Elisa raggiunse il grande mare. Tra le onde, oscillavano undici piume di cigno.

Po wielu dniach Elisa dotarła nad wielkie morze. Na falach unosiło się jedenaście łabędzich piór.

Quando il sole tramontò, ci fu un fruscio nell'aria, e undici cigni si posarono sull'acqua. Elisa riconobbe immediatamente i propri fratelli stregati. Ma dato che parlavano la lingua dei cigni, lei non li poté capire.

O zachodzie słońca słychać było szum w powietrzu. Jedenaście dzikich łabędzi wylądowało na wodzie. Elisa od razu rozpoznała w nich swoich zaczarowanych braci. Nie mogła ich zrozumieć, gdyż nie znała mowy łabędzi.

Durante il giorno i cigni volavano via, e la notte si accoccolavano tutti assieme alla sorella in una grotta.

Una notte, Elisa fece uno strano sogno. Sua madre le disse come avrebbe potuto liberare i suoi fratelli. Avrebbe dovuto tessere delle camicie di ortiche per ognuno di loro e poi lanciargliele. Fino a quel momento però, non le era concesso dire una sola parola, altrimenti i suoi fratelli sarebbero morti. Elisa si mise immediatamente al lavoro. Sebbene le mani le bruciassero, continuò a tessere senza stancarsi.

Za dnia łabędzie odlatywały, a nocą rodzeństwo spało w jaskini, przytulone do siebie.

Pewnej nocy Elisa miała dziwny sen: matka powiedziała jej, w jaki sposób może zdjąć czar z braci. Powinna dla każdego łabędzia upleść z pokrzyw koszulkę i mu ją narzucić. Do tego momentu nie wolno jej powiedzieć ani jednego słowa, inaczej bracia umrą.
Elisa natychmiast zabrała się do pracy. Chociaż ręce paliły jak ogień, plotła niestrudzenie.

Un giorno, si sentirono corni da caccia in lontananza. Un principe venne cavalcando con il suo seguito e presto le fu di fronte. Non appena i due si guardarono negli occhi, si innamorarono.

Pewnego dnia w oddali rozbrzmiały rogi myśliwskie. Wkrótce przybył konno książę wraz ze swoją świtą. Gdy tych dwoje spojrzało sobie w oczy, zakochali się.

Il principe fece salire Elisa sul cavallo e la condusse al proprio castello.

Książę posadził Elisę na konia i galopem ruszyli do zamku.

Il potente tesoriere fu tutto fuorché felice dell'arrivo della principessa muta. La propria figlia sarebbe dovuta diventare la sposa del principe.

Potężny skarbnik nie był zadowolony z przybycia pięknej niemowy. To jego córka miała zostać żoną księcia.

Elisa non si era dimenticata dei suoi fratelli. Ogni sera continuava il suo lavoro sulle camicie. Una notte uscì per andare al cimitero a cogliere delle ortiche fresche. Il tesoriere la osservò di nascosto.

Elisa nie zapomniała o swoich braciach. Każdego wieczora pracowała dalej nad koszulkami. Pewnej nocy poszła na cmentarz po świeże pokrzywy. Skarbnik obserwował ją przy tym potajemnie.

Non appena il principe partì per una battuta di caccia, il tesoriere gettò Elisa nelle segrete. Affermò che fosse una strega che si incontrava con altre streghe durante la notte.

Gdy tylko książę wyruszył na polowanie, skarbnik rozkazał wrzucić Elisę do lochu. Rozgłosił, że jest ona czarownicą i nocą spotyka się z innymi czarownicami.

All'alba, Elisa venne presa da delle guardie, per venir poi bruciata nella piazza del mercato.

O świcie straż przyszła po Elisę. Miała zostać spalona na rynku.

Non appena fu lì, arrivarono undici cigni bianchi volando. Elisa lanciò rapidamente una camicia a ciascuno di loro. Poco dopo, tutti i suoi fratelli si trovarono dinanzi a lei con sembianze umane. Solo il più piccolo, la cui camicia non era stata del tutto completata, mantenne un'ala al posto di un braccio.

Gdy tam doszła, nagle nadleciało jedenaście białych łabędzi. Elisa szybko narzuciła każdemu z nich koszulkę z pokrzyw. W mgnieniu oka stanęli przed nią wszyscy jej bracia w ludzkiej postaci. Tylko ten najmłodszy, którego koszulka nie była całkowicie gotowa, zachował w miejscu ramienia skrzydło.

I fratelli si stavano ancora baciando e abbracciando quando arrivò il principe. Finalmente Elisa gli poté spiegare tutto. Il principe fece rinchiudere il tesoriere malvagio nelle segrete. Dopodiché, si celebrò il matrimonio per sette giorni.

E vissero tutti felici e contenti.

Jeszcze długo po powrocie księcia, objęciom i pocałunkom rodzeństwa nie było końca. Elisa mogła mu wreszcie wszystko wytłumaczyć. Książę rozkazał wrzucić złego skarbnika do lochu i siedem dni świętowano zaślubiny.

I żyli długo i szczęśliwie.

Hans Christian Andersen

Hans Christian Andersen nacque nella città danese di Odense nel 1805 e morì nel 1875 a Copenaghen. Divenne famoso in tutto il mondo con le sue fiabe letterarie come „La Sirenetta", „I vestiti nuovi dell'imperatore" e „Il brutto anatroccolo". Il racconto in questione, „I cigni selvatici", fu pubblicato per la prima volta nel 1838. È stato tradotto in più di cento lingue e adattato a una vasta gamma di media, tra cui il teatro, il cinema e il musical.

Barbara Brinkmann è nata a Monaco di Baviera (Germania) nel 1969. Ha studiato architettura a Monaco e attualmente lavora alla facoltà di architettura dell'Università Tecnica di Monaco. Lavora anche come grafica, illustratrice e autrice.

Cornelia Haas è nata nel 1972 vicino ad Augusta (Germania). Ha studiato design all'Università di Scienze Applicate di Münster e si è laureata in design. Dal 2001 illustra libri per bambini e ragazzi e dal 2013 insegna pittura acrilica e digitale all'Università di Scienze Applicate di Münster.

Marc Robitzky, nato nel 1973, ha studiato alla Scuola Tecnica d'Arte di Amburgo e all'Accademia di Arti Visive di Francoforte. Lavora come illustratore freelance e designer della comunicazione ad Aschaffenburg (Germania).

Ulrich Renz è nato a Stoccarda nel 1960. Dopo aver studiato letteratura francese a Parigi, ha completato gli studi di medicina a Lubecca e ha lavorato come direttore in una casa editrice scientifica. Oggi Renz è un autore indipendente e scrive libri per bambini e ragazzi oltre a libri di saggistica.

Ti piace disegnare?

Qui puoi trovare tutte le immagini della storia da colorare:

www.sefa-bilingual.com/coloring